RÉFLEXIONS

ADRESSÉES

PAR UN PAIR DE FRANCE,

AUX HABITANS DE SON DÉPARTEMENT,

A L'OCCASION

DES PROCHAINES ÉLECTIONS.

NÎMES,

IMPRIMERIE DE DURAND-BELLE.

1830.

A mes Compatriotes
du département du Gard.

~~~~~~~~~~~~~~~~~~~~~~~

NÉ dans le pays que vous habités, et qui a été aussi le berceau de mes pères depuis bien des générations, c'est à l'ombre de vos oliviers que mon enfance s'est passée ; et j'étais sorti de l'enfance lorsque je quittai ce pays pour la première fois. Si depuis ce temps des événemens malheureux m'en ont tenu éloigné pendant un assez grand nombre d'années, jamais je n'oubliai le sol qui m'avait vu naître et grandir ; et lorsque, enfin, je m'y suis retrouvé, même passagèrement, c'est avec une vive satisfaction que je l'ai revu, et j'ai pu m'apercevoir que mes sentimens pour lui avaient été toujours les mêmes ; quoique, aujourd'hui, je ne puisse même prétendre à la qualité d'électeur dans le département, puisque je n'y possède presque plus aucune propriété, il m'est permis encore de prendre un intérêt particulier à ce qui va s'y passer ; il m'est permis de désirer voir un département qui s'est distingué par son royalisme et son attachement à la race de nos Souverains légitimes, représenté par des amis véritables et éclairés de leur pays, c'est-à-dire par des amis sincères de la monarchie et de l'ordre ; c'est ce désir qui m'a inspiré le petit nombre de pages que je prends la liberté de vous adresser ; heureux si elles peuvent contribuer à détruire quelques impressions fausses qu'on a peut-être cherché et qu'on cherchera sans doute encore à répandre parmi vous, je croirai avoir donné la plus forte preuve d'attachement au département auquel je dois ma naissance et mon origine.

Beaucaire, ce 29 mai 1830.

LE DUC DE NARBONNE-PELET.

RÉFLEXIONS

ADRESSÉES

PAR UN PAIR DE FRANCE,

AUX HABITANS DE SON DÉPARTEMENT,

A L'OCCASION DES PROCHAINES ÉLECTIONS.

LA dissolution de la Chambre n'est pas un événement qui eût dû paraître improblable si on l'eût annoncé il y a un an et plus, et long-temps avant le changement de ministère. Quiconque avait observé attentivement les discussions et les actes de la Chambre, pendant les deux dernières sessions, c'est-à-dire depuis le premier moment de son existence, pouvait aisément conjecturer que l'état dans lequel elle se trouvait amenerait une dissolution plus ou moins rapprochée, quoique peut-être eût-il été moins aisé de prédire qui serait le ministre destiné à en contre-signer l'ordonnance. En effet, était-il possible d'espérer qu'on parvînt jamais à faire de bonnes lois, ou même des lois quelconques, avec une Chambre morcelée comme elle l'était; dans laquelle les majorités no pouvaient se former que par la réunion de plusieurs partis ou fractions de partis, et étaient conséquemment le résultat de combinaisons éventuelles et variables qu'on pouvait rarement calculer d'avance avec certitude? Ce singulier état de choses, loin de paraître prêt à changer, faisait tous les jours des progrès ; que l'homme le plus marquant et le plus capable, dans une nuance quelconque d'opinions, sans en exclure aucune, même les plus extrêmes, eût été nommé ministre avec la faculté de former un cabinet de son choix et dont il eût fourni lui-même la liste ; eh bien ! j'aurais défié ce ministre quel qu'il fût, et quel que fût son système, de marcher avec une Chambre composée et disposée comme celle qui vient de finir. Il aurait dû se résoudre tôt ou tard, et plutôt peut-être qu'il ne l'aurait pensé, à la dissoudre ou à se retirer ; et s'il se fût retiré, c'eût été à recommencer pour son successeur.

Toutefois cette dissolution, qu'on devait depuis long-temps compter au nombre des probalités, a été amenée ou hâtée par une circonstance qu'on ne pouvait pas aussi facilement prévoir ; l'adoption et la présentation d'une adresse qui a attiré les marques non équivoques de la désapprobation royale. Cette adresse, il ne m'appartient pas de la caractériser, après qu'une pareille autorité s'est prononcée. Il est vrai que quelques personnes ont entrepris de la justifier ; on a allégué les expressions de respect et d'amour dont on avait su l'entremêler ; mais ces expressions tranchaient tellement avec le ton et le sens évident de quelques-unes des phrases, qu'elles en faisaient seulement ressortir un peu plus l'inconvenance. On s'est efforcé surtout de montrer que l'adresse n'avait rien d'offensant pour le Roi, et qu'elle n'attaquait que le ministère. Cependant s'il était permis de supposer, pour un instant, que la Majesté Royale se fût abaissée à entrer en discussion avec les auteurs de l'adresse, il me semble que le Roi eût pu leur dire :

« Le langage que vous venez de m'adresser,
» Messieurs, n'est pas très-intelligible pour moi ;
» je vous avais demandé avec confiance votre
» concours pour opérer ce que je croyais utile au
» bien de mon peuple, et, tout en reconnais-
» sant la nécessité indispensable de ce concours,
» vous me déclarez, sans que je puisse en aper-
» cevoir la raison, qu'il ne peut pas exister
» dans ce moment ; vous voulez introduire à sa
» place l'*intervention du pays*, expression assez
» indéfinie et susceptible de bien des interpréta-
» tions. Dois-je en conclure que là où je vous ai
» demandé *concours* à mes vues, vous exigeriez de
» moi *conformité* à vos désirs ? Des inquiétudes,
» dites-vous, troublent la sécurité de la France ;
» je ne sais ce qui les aurait excitées ; mais vous
» auriez pu du moins avoir un peu de patience,
» et vous auriez vu si vos inquiétudes étaient
» fondées. Mes ministres, selon vous, ne seraient
» occupés qu'à m'inspirer de la défiance envers
» mon peuple ! Sur quoi fondez-vous une si
» grave accusation ? Quelles preuves, quels faits
» pouvez-vous citer pour l'autoriser ? Non, ja-

» mais on n'osa m'inspirer de défiance envers
» mon peuple , mon cœur la repousserait ;
» c'est contre ceux qui travaillent à tromper ,
» à égarer ce peuple , qu'il est de mon devoir
» d'être en garde , et , lorsqu'il existe de pareils
» hommes , je ne suis point assez aveugle pour
» ne pas le voir , sans qu'il soit besoin de me
» les faire connaître. La défiance la plus mar-
» quée, Messieurs , vient bien plutôt de votre
» côté. Qu'eussiez - vous dit, si je vous eusse
» abordé en vous déclarant que , de la manière
» dont la Chambre était composée , je voyais
» d'avance que je ne devais attendre rien de
» bien d'elle? Ne vous seriez-vous pas récriés
» avec justice , et plaints de ce qu'on vous con-
» damnait avant de vous avoir entendu ? Loin
» de moi , certes, un pareil langage ! Mais celui
» que vous venez de me tenir n'est-il pas ab-
» solument semblable? En vain me diriez-vous
» que c'est de mes ministres qu'il s'agit. Jusqu'à
» présent s'il y avait quelqu'un de responsable ,
» ce serait moi , de leur nomination ; ils ont à
» répondre de fort peu d'actes. Que pouvez-
» vous alléguer pour justifier votre censure anti-
» cipée? Ils n'ont fait jusqu'à présent que préparer
» les lois qui devaient vous être présentées en
» mon nom ; vous n'en connaissiez pas encore
» les dispositions, mais seulement les objets que
» je vous avais indiqués , et toutes avaient des
» objets utiles. Lorsqu'elles auraient été sous vos
» yeux , vous les auriez discutées avec pleine

» liberté. Je ne refusais pas d'être éclairé de vos
» lumières; vous aviez, du reste, le droit d'adopter
» ou de rejeter ce que j'aurais proposé ; comme moi
» de sanctionner ou de rejeter ce que vous auriez
» voté. Mais ne croyez pas qu'il vous soit permis de
» vous présenter avec l'intention arrêtée et dé-
» clarée de tout rejeter, ou de subordonner
» votre assentiment à des conditions imposées
» d'avance ; ce serait oublier les devoirs, aussi
» bien que les limites de la mission que vous
» avez reçue. »

Un discours tel que je viens de le supposer
ne pouvait pas sortir d'une bouche royale ; elle
n'avait pas à justifier l'exercice d'un droit dont
elle ne doit de compte à personne ; le petit
nombre de mots qu'elle a prononcé, pleins de
noblesse et de fermeté, étaient la seule réponse
digne d'elle. La longue paraphrase que je me
suis permise des paroles royales est donc adaptée
à une supposition qui ne pouvait exister, aussi
ne l'ai-je écrite que pour montrer avec quelle
facilité le langage de l'adresse eût été repoussé,
même par un individu qui eût été dans le cas
d'y répondre d'égal à égal.

Quiconque désire que la scène affligeante dont
l'intérieur du palais de nos Rois a été témoin le
18 mars dernier ne se renouvelle jamais, et y
a-t-il un seul bon Français qui voulût en voir
un second exemple ! ne peut désirer que la Chambre qui va être élue soit formée des mêmes élé-
mens que celle qui l'a précédée. Mais ce n'est

pas la seule raison qui rend le choix des Députés destinés à en faire partie, extrêmement important. Par beaucoup d'autres causes, résultant de l'état actuel du pays, il est visible que les prochaines élections peuvent avoir des conséquences plus décisives pour l'avenir de la France qu'aucunes de celles qui ont eu lieu depuis bien des années. Une singulière agitation règne, partout dans les esprits ; elle ne commence pas d'aujourd'hui ; mais elle s'accroît tous les jours. Les passions, les intérêts, les animosités personnelles sont plus en mouvement que jamais ; les partis plus animés et plus exaspérés. Au milieu de cette effervescence générale, un levain alarmant fermente et fait des progrès trop rapides et trop manifestes. Sans doute, on peut penser que de petites brochures, des lithographies, des chansons dans lesquelles ce qu'il y a de plus sacré ou de plus auguste est insulté, calomnié, tourné en dérision, outragé par d'insolentes comparaisons, sont des choses peu importantes, prises isolément, et ne méritent que le mépris ; mais leur nombre, et la variété des formes sous lesquelles ces choses se sont multipliées, exige une attention sérieuse, comme symptômes d'un mauvais esprit qui devient plus audacieux parce qu'il croit acquérir des forces. Parmi ceux qu'anime cet esprit, les plus prudens savent sans doute ne pas se mettre aussi en avant, et profiter, sans s'y hasarder, de ces essais que font des têtes plus ardentes et plus exaltées; ils savent se revêtir de dehors plus spécieux et de formes moins repoussantes, plus propres à séduire et à entraîner. Toutefois quelques-uns d'entre eux professent déjà, sans déguisement, des doctrines républicaines, anti-monarchiques, révolutionnaires sous tous les rapports, qui, consignées dans des séries d'écrits ou d'articles de journaux, forment peu à peu un corps de théorie, un système complet ; système aussi subversif des principes de la Charte, que pourraient l'être les théories les plus exagérées du pouvoir absolu.

A la vue de symptômes aussi évidens d'un mal qui se développe graduellement, les amis de la monarchie et de l'ordre, conséquemment les vrais amis de la Charte, ne doivent-ils pas redouter le résultat d'élections dans lesquelles un parti imbu de principes et animé d'intentions telles que celles que je viens de caractériser, aurait le dessus ? Entre ce parti et les royalistes décidés il existe plusieurs nuances qui se considèrent et voudraient être considérées comme des partis. Mais les hommes de chacune de ces nuances doivent sentir que, dans le moment actuel, ils ne peuvent se flatter de former la majorité dans une élection, et qu'ils ne peuvent produire quelque effet qu'en se ralliant à l'un des deux partis les plus prononcés. Or, les biens intentionnés, tels que le sont sans doute le plus grand nombre d'entre eux, peuvent-ils hésiter dans ce choix, s'ils veulent donner quelques instans d'attention et de réflexion aux circonstances que je viens de décrire ? Ceux qui, séduits d'abord par un langage spécieux et

trompeur , ont pu voir de plus près les conséquences du système dans lequel ils étaient entrés
sans s'en apercevoir ; ceux qui , ayant cru n'at-
taquer que les personnes , ont pu sentir qu'ils coopé-
raient , sans le vouloir , à l'anéantissement des principes ; tous ceux enfin qui , en sondant le terrein
sur lequel ils ont fait quelques pas , commencent
à entrevoir le danger de s'y engager plus avant ,
peuvent-ils manquer cette occasion de se rallier
à des royalistes avec lesquels ils seront . sans
doute , toujours d'accord d'intentions , quoiqu'ils
aient pu différer quelquefois un peu sur les moyens ,
surtout quand ils aperçoivent clairement , et seraient eux-mêmes fâchés de voir accompli le but
vers lequel tendent certains hommes à l'extrémité
opposée ? Peuvent-ils se faire dans une circonstance aussi grave les auxiliaires de pareils hommes ? Se sont-ils donc persuadés qu'en les secon-
dant sous de certains rapports seulement , les ai-
dant à atteindre certains objets , à franchir certains obstacles , ils les arrêteraient , ils s'arrêteraient eux-mêmes au point précis où ils le voudraient ? Non , l'expérience a trop souvent démon-
tré de nos jours la fausseté de semblables idées.

L'importance plus qu'ordinaire des résultats que
les prochaines élections peuvent amener étant re-
connue , on sait d'avance que de grands efforts
seront faits de divers côtés pour diriger les choix
ou pour y influer d'une manière efficace. Parmi
les influences qui peuvent être exercées , il en est
certainement d'utiles et qu'on ne peut se refuser

à admettre; il en est, au contraire, contre lesquelles on ne saurait trop fortement se prémunir. En
premier lieu, ce serait adopter un préjugé injuste et
funeste que de repousser toute influence de la part
du gouvernement, et d'exclure sans autre raison tout
ce qui paraîtrait venir de lui. Si on réussissait à pri-
ver le gouvernement de toute influence dans les élections, on réduirait bientôt notre constitution à
une brillante théorie, impraticable dans la réa-
lité, et qui ne pourrait produire que désordre,
irrégularité et anarchie. Lui-même ne peut pas se
dessaisir de la portion d'influence légitime et rai-
sonnable qui lui appartient ; il manquerait à
un de ses devoirs s'il ne surveillait pas les élections, s'il les abandonnait entièrement au hasard
ou aux combinaisons des partis. Il est presque toujours sur la défensive vis-à-vis de quelques-uns
de ces partis; on ne peut lui faire un crime de
ne pas négliger sa propre défense. Mais l'influence
même active du gouvernement peut très-souvent
être utile, quelquefois à un certain point néces-
saire. Gardons-nous de croire qu'elle soit toujours
bien remplacée, et que la préférence soit toujours
due à ce qui n'arrive pas de ce côté. Rien ne
serait plus déraisonnable et souvent plus erronné.

Passant de l'influence du gouvernement à celles
que peuvent exercer des particuliers, j'observerai
d'abord que les électeurs doivent essentiellement
être en garde contre toute influence éloignée ou
étrangère au département. Que des hommes qui
y ont des propriétés considérables, ou de grands

établissemens , qui s'y sont fait considérer par leur caractère et leur conduite , ou par les services qu'ils y ont rendus , prétendent à quelque influence dans les élections , cela n'est que juste et naturel ; et quant au gouvernement , il n'est étranger dans aucune partie du royaume ; mais qu'une association quelconque d'hommes , formée par exemple dans la Capitale , puisse agir dans toutes les parties de la France ; faire faire des élections sous sa dictée ; assigner à des électeurs leur représentant , souvent un homme tout à fait étranger pour eux , ou qui le serait devenu depuis longtemps , quelquefois à peine connu de nom à la plupart d'entre eux ; cette influence usurpée serait éminemment dangereuse pour le pays ; c'est contre elle qu'on devrait s'armer d'un juste préjugé. Or , tout ce que je viens de dire on l'a beaucoup trop vu depuis deux ou trois ans. On a vu aussi des électeurs convenir que le député qu'ils avaient nommé , quoique pris dans leur département et dans leur nuance d'opinions , n'était pas celui à qui ils auraient donné le plus volontiers leurs suffrages , mais celui qui leur avait été indiqué de la Capitale par les personnes avec qui ils avaient pris des engagemens. Si nous voulons être indépendans , soyons-le tout à fait. Croit-on l'être véritablement parce qu'on s'est soustrait à l'influence du gouvernement ; pour se soumettre aveuglément aux volontés d'un parti , et d'un parti représenté par un petit nombre d'individus ? Qui voudrait se prêter à laisser prendre à une frac-

tion de parti, à une coterie, un ascendant tel
qu'elle pût choisir à son gré la majorité d'une
Chambre? Qui ne serait effrayé de voir cette réunion d'hommes, dont on connaîtrait en gros les
principes, mais dont on ne peut connaître à fond
les intentions, devenir ainsi plus puissante que le
gouvernement, devenir une sorte d'oligarchie ; sans
qu'on pût même prévoir clairement ce qu'elle fe-
rait, si elle voyait enfin son ambition satisfaite,
quelques-uns de ses membres assis au banc des
ministres, et d'autres installés dans toutes les places ?

Je dois aussi parler d'une puissance qu'on a vu
s'élever de nos jours, inconnue il y a peu de siècles,
et dont le rôle avait été bien subalterne jusqu'à la
fin du siècle dernier. En s'offrant au public, en-
vironnés de tous les prestiges de l'amusement, de
tout ce qui peut satisfaire la curiosité, souvent aussi
alimenter la malignité, les journaux ont pu aisément capter sa bienveillance : leur lecture est de-
venue une habitude générale, un objet de première
nécessité, recherché avec avidité par ceux même
qui pourraient le plus aisément s'en passer. Chacun
s'est bientôt accoutumé à consulter tous les jours
son journal, comme on consulte tous les jours sa
montre, sans s'assurer toujours si elle est bien
réglée ; on est charmé d'y trouver, non seulement
des faits, mais des raisonnemens, des jugemens,
des éloges ou des censures, des espérances, des
pressentimens, des conjectures, des prédictions.
On se sent heureux surtout de pouvoir y puiser

des argumens en faveur de la cause qu'on soutient
et des doctrines qu'on a adoptées ; car , à quelque
nuance d'opinions qu'on appartienne , on est sûr
d'en trouver au moins un qui abondera dans le
sens dans lequel on s'est jeté; par ces moyens , ils
sont facilement parvenus à obtenir une confiance
qui , dans la position de bien des gens , est im-
plicite et presque inévitable. Une fois en possession
de tels avantages, il serait incroyable que les journaux n'en eussent pas abusé ; aussi , lorsque leur
essor n'a pas été gêné , ils ont fait des pas de
géant dans la carrière qui leur était ouverte. Au
ton sur lequel parlent aujourd'hui la plupart d'entre
eux , on voit qu'ils ont aspiré et croyent être parvenus à être les directeurs suprêmes de l'opinion
publique, à être, comme je le disais plus haut ,
une véritable puissance qui prétend , sinon , se
faire obéir , du moins se faire redouter et ménager
de tout le monde. Disposer des places est un des
principaux buts vers lesquels ils tendent en tout
temps. Ils voudraient nommer les ministres ; il
n'est donc pas étonnant qu'ils veuillent nommer
les députés , et qu'aux approches d'une élection
ils redoublent d'activité et de chaleur. Je me per-
mettrai néanmoins de demander s'ils sont des guides
bien sûrs dans des choix aussi importans ? Outre
que leur influence, partant toujours de la Capitale ,
est du nombre de ces influences étrangères contre
lesquelles un département doit, le plus souvent ,
être en défiance, on ne peut ignorer que leur vé-
racité n'est pas toujours à toute épreuve; qu'ils

savent du moins donner une tournure et une cou-
leur aux faits et aux actions, au point de les dé-
naturer quelquefois entièrement ; qu'ils savent prêter
aux hommes qu'ils favorisent tout ce qu'il y a de
plus avantageux ; à ceux qui leur sont opposés,
tout ce qu'il y a de plus impopulaire et de plus
odieux. N'y en a-t-il point parmi eux qui se soient
portés jusqu'à la diffamation et à la calomnie ? N'y
en a-t-il pas surtout dont les assertions sont jour-
nellement démenties, et qui n'en deviennent pas
plus scrupuleux le lendemain ? Je ne puis m'em-
pêcher de conclure, de cet exposé incontestable,
que ce seraient les guides les plus suspects qu'on
pût prendre en fait d'élections, et dans cette occasion plus que dans toute autre.

Il est d'autres séductions dont on doit savoir
se défendre. S'il m'était permis de m'approprier
ici les paroles d'un homme justement regretté,
je dirais que, s'il y avait autrefois du courage à
oser dire la vérité aux Rois, aujourd'hui le vrai
courage en ce genre consiste à oser dire la vérité
aux peuples. Quiconque a du pouvoir, a des courtisans ; le peuple souverain et le despotisme mi-
litaire ont eu successivement les leurs. Sous notre
forme actuelle de gouvernement, le public est
une puissance, non seulement parce qu'une
Chambre élective concourt à la confection des
lois, mais plus encore parce que l'action conti-
nuelle de l'opinion publique tend toujours à devenir prépondérante et presque irrésistible. Le
public a donc ses flatteurs. Or, si les courtisans

et les flatteurs des Rois ont été avec justice, de tout temps, dévoués au mépris, je le demande, sont-ils moins vils ceux qui jouent le même rôle vis-à-vis du public, en étudiant sans cesse ce qui peut lui plaire et non l'éclairer, lui déguisant la vérité qui peut le choquer, aigrissant ses haines, encourageant tous ses préjugés, adoptant toutes ses passions, les excitant même pour les tourner à leur propre avantage, se parant d'un zèle immodéré pour ses intérêts vrais ou faux, mais tels qu'ils les lui font concevoir, et cachant sous ce beau nom d'intérêt public leur intérêt personnel et leur ambition? On a pu ou on aurait dû plus d'une fois conseiller aux Souverains de ne pas considérer toujours comme leurs meilleurs amis, de ne pas élever à toutes les dignités et nommer à toutes les places ceux qui les flattaient, qui affectaient le plus de zèle pour l'accomplissement de leurs volontés. On peut aujourd'hui adresser des conseils du même genre au public; on peut recommander à des électeurs de ne pas se hâter de porter leurs choix sur des hommes qui useraient de pareils moyens vis-à-vis d'eux.

Parmi les reproches qu'on a le plus fréquemment adressés aux courtisans des Princes, on les a accusés d'exercer une haine implacable et perfide envers leurs ennemis et leurs concurrens. Les courtisans du public sont-ils à l'abri de ce reproche? On n'a qu'à voir la manière dont ils s'expriment sur le compte de leurs adversaires politiques, l'acharnement qu'ils mettent à déna-

turer et à noircir leurs actions et leurs opinions.
Quiconque désire voir élever la moindre barrière
entre la liberté et la licence est, dans leur
langage, un partisan de l'arbitraire ; quiconque
voudrait voir imposer le plus léger frein à une
presse qui s'abandonne à tous les excès, voudrait, selon eux, enchaîner la parole et la pen-
sée ; quiconque se montre disposé à résister à
tout empiétement sur les droits du trône, tels
que la Charte elle - même les a consacrés, est
représenté comme un ennemi de la Charte, un
suppôt du pouvoir absolu ; quiconque ose ap-
prouver comme bon et utile quelques restes que
la révolution n'ait pas détruit de ce qui existait
autrefois, est un partisan incorrigible et encroûté
de l'ancien régime et de la féodalité, et voudrait
les voir renaître de leurs cendres ; comme si la
conduite particulière et publique de ceux contre
qui ces imputations sont dirigées, leur langage,
leurs discours, leurs écrits, examinés de bonne
foi et sans prévention, avaient jamais autorisé véritablement de semblables accusations ! Et si on
m'objectait que je suis moi-même assez sévère
dans ce moment à l'égard des hommes dont je
combats les opinions, je répondrais que ceux au
nombre desquels je tiens à honneur d'être compté,
sont habituellement sur la défensive, et qu'il
leur est bien permis quelquefois de rétorquer sur
leurs adversaires quelques - uns des traits acérés
que ceux-ci lancent contre eux ; mais qu'on ne
nous surprendra jamais à faire usage, comme

on l'a fait plus d'une fois contre nous , des traits empoisonnés du mensonge et de la calomnie.

Dans tout ce que je viens d'écrire , je me suis occupé plutôt d'indiquer des écueils à éviter , des sources d'erreurs dans lesquelles on ne devait pas se laisser entraîner , que de définir les qualifications qu'on peut rechercher dans le choix d'un député. Quant à celles-ci , je me contenterai d'en citer une des plus essentielles ; c'est la constance dans les principes , la persévérance dans la voie dans laquelle on a long-temps marché ; malheureusement nous avons vu , depuis quelques années , des hommes dont la conduite rappelle involontairement les paroles de St-Remy à Clovis : qui adorent ce qu'ils ont brûlé , et brûlent ce qu'ils ont adoré ; mais c'est avec cette différence qu'une lumière céleste éclaira sans doute ce premier des Rois très-chrétiens , tandis que les hommes dont il s'agit n'ont été guidés , je le crains , par d'autre lumière que le flambeau de l'esprit de parti , ou celui des animosités personnelles ; lumière trompeuse , trop semblable à ces feux errans que suit le voyageur égaré et qui le conduisent infailliblement dans un marais ou un précipice. Rarement on vit celui qu'une pareille illusion a écarté de sa route , revenir d'où il était parti. Celui qui , après avoir bien choisi la ligne qu'il devait suivre , a su y marcher sans en dévier , sera toujours le plus digne des suffrages de ceux aux yeux desquels il avait déjà pu les mériter.

Les réflexions que je viens d'exposer seraient

sans doute susceptibles d'être développées plus que
je ne l'ai fait, et beaucoup d'autres pourraient
y être ajoutées, mais je ne crois pas avoir négligé
aucune des plus essentielles, et je me flatte que
le résumé que je me suis contenté d'en faire pourra
n'être pas inutile dans les circonstances actuelles,
si on veut le lire avec attention et sans préjugé.

www.ingramcontent.com/pod-product-compliance
Lightning Source LLC
Chambersburg PA
CBHW060720280326
41933CB00012B/2500